T0099751

Vittorio Monti

CZÁRDÁS

per violino e pianoforte

RICORDI

Vittorio Monti (1868-1922)
CZÁRDÁS
per violino e pianoforte

Copyright © 2012 Casa Ricordi srl - via B. Crespi, 19 - 20159 Milano
Tutti i diritti riservati - All rights reserved

Vittorio Monti (1868-1922)
CZÁRDÁS per violino e pianoforte

VIOLINO

Copyright © 2012 Casa Ricordi srl - via B. Crespi, 19 - 20159 Milano
Tutti i diritti riservati - All rights reserved

VIOLINO